ET REX MALUS

(PUER EX SERIPHO, PARS PRIMA)

a Latin novella
written and illustrated by Andrew Olimpi

COMPREHENSIBLE
CLASSICS
VOL. 2

Comprehensible Classics Press
Dacula, GA

Perseus et Rex Malus
(Puer Ex Seripho, Pars Prima)

Perseus and the Wicked King
(The Boy from Seriphos, Part 1)

Series: Comprehensible Classics #2
Comprehenstible Classics Press
Dacula, GA
www.comprehensibleclassics.wordpress.com

Revised July, 2021

Text and illustrations © 2017 by Andrew Olimpi
All rights reserved
No part of this book may be reproduced or transmitted in any
form or by any means, electronic or mechanical, including
photocopying, recording, or by information storage or retrieval
system, without express written consent from the author.

ISBN-13: 978-1547155873
ISBN-10: 1547155876

Discipulis meis
"quot sunt quotque fuere . . .
quotque post aliis erunt in annis"

ACKNOWLEDGEMENTS

This novella continues my attempt to create comprehensible and compelling reading for Latin students based on my understanding of current second language acquisition theory and practice. My intended audience is students in their second or third year of Latin—or independent learners of Latin seeking reading material beyond the introductory or "beginner" level, but which does not overload the reader with massive amounts of vocabulary. I have, in fact, limited the vocabulary in this volume (of approximately 3500 words) to 300 unique words, excluding proper names and words defined in the text. Additionally, I have attempted to use only high-frequency Latin words. Therefore, the text should be comprehensible to intermediate students who have a working vocabulary of a few hundred common Latin words. I have not limited "grammatical" usage, and have felt free to include forms that a traditional Latin textbook or program may consider "advanced" (whatever that term may mean). My goal was to tell the story in such a way that it is indeed both *compelling* and *comprehensible*—a very difficult balance to achieve—those who have attempted writing for students in this way can attest to this, I'm sure. How successful I have been, you, *lector care*, may judge for yourself.

This novella represents my very modest attempt to add to the growing body of literature aimed at providing comprehensible reading for students of Latin. This work would not have been possible without the inspiration, guidance, and feedback from a few of my talented colleagues in the profession, who have more expertise than I in matters of paedagogy and second language acquisition research and practice.

By way of acknowledgements, first, I would like to thank Bob Patrick and John Piazza, both of whom have inspired and challenged me to change the way that I think about teaching Latin, and about what students really need to learn the language as a language. I also need to thank Lance Piantaggini, whose insightful and thorough advice concerning an early draft of this novella has been instrumental in shaping and polishing the final draft.

I also want to thank my excellent colleagues Oswald Sobrino, Lindsay Sears-Tam, and Joshua Smith, whose detailed proof-reading, corrections, and suggestions have helped me fix a great quantity of typos and mistakes. They have spared the final manuscript many embarrassing errors.

Finally, I must thank the members of my 2016-17 Latin III class, *id est* Emily Adams, Jesse Bailey, Collete Brooks, Sam Burke, Bailey Chafin, Allison Chiacchira, Cameron Cortman, Joshua Doss, Cole Heiden, Meekah Howell, Amanda Jackson, Hannah Kendall, Asher Miller, and Ryver Morrow.

These students were the original inspiration and audience for the novel, and have read it over the course of a semester in its various iterations. They provided the encouragement needed to complete the novel, and the valuable feedback needed to improve and polish it.

And one final note: this is not a scholarly work—it is retelling of an ancient myth in the style of a modern young-adult fantasy book. I attempted to use an orthodox, "classical" style thoughout the book, but I have not followed my classical models slavishly, and much of my writing is equally inspired by my reading of later Latin and medieval writers (most notably the *Historia Apollonii Regis Tyri* and the *Gesta Romanorum*) as well as other novellas written for modern language students. In addition to my obvious paedagogical conerns, I also wrote the work for entertainment's sake—not for philological dissection or detailed grammatical analysis. I take full responsibility for any misteps in spelling, style, and usage.

ABOUT THE SERIES:

Comprehensible Classics is a series of Latin novels for beginning and intermediate learners of Latin. The books are especially designed for use in a Latin classroom which focuses on communication and Comprehensible Input (rather than traditional grammar-based instruction). However, they certainly are useful in any Latin classroom and could provide independent learners of Latin (in any program) with interesting and highly-readable material for self-study.

LEVEL A: Beginner
Ego, Polyphemus
Lars Romam Odit
Mercurius Infans Horribilis
Aulus Anser (forthcoming)

LEVEL B: Advanced Beginner
The *Familia Mala* Trilogy:
    Familia Mala: Iuppiter et Saturnus
    Duo Fratres: Familia Mala Vol. II
    Pandora: Familia Mala Vol. III
Labyrinthus

LEVEL C: Low Intermediate
Clodia: Fabula Criminalis
The *Io Puella Fortis* Series
    Vol. I: *Io et Tabellae Magicae*
    Vol. II: *Io et Monstrum Horrificum*
Via Periculosa
Idus Martias

LEVEL D: High Intermediate
Puer Ex Seripho Series:
    Vol. I: *Perseus et Rex Malus*
    Vol II. *Perseus et Medusa*
Vox in Tenebris
Eques Viridis Series
    Vol. I: *Eques Viridis: Tres Chartulae*
Filia Regis et Monstrum Horribile

LEVEL E: Advanced (Tiered Readers)
Daedalus et Icarus: A Tiered Latin Reader
Reckless Love: The Story of Pyramus and Thisbe
The Mysterious Traveler: A Medieval Play about St. Nicholas: A Tiered Reader

Table of Contents

Prologus 3

CAP I. Labyrinthus 9

CAP II. Pisces 13

CAP III. Fabula Medusae 17

CAP IV. Bubo 21

CAP V. Rex Polydectes 25

CAP VI. Conclave 31

CAP VII. Donum Nuptiale 35

CAP VIII. Amici 39

CAP IX. Spelunca 43

CAP X. Templum Aegyptum 47

CAP XI. Somnium 53

CAP XII. Talaria 55

PROLOGUS

"Māter, nārrā mihi fābulam!"

Puer septem annōs nātus in lectō suō est et mātrem vocat. Māter ad lectum filiī adit,

"Minimē, mī filī. Tempus est tibi dormīre!"

"Ego dormīre nolō! Dēfessus nōn sum! Sī tū mihi fābulam bonam nārrābis, ego statim **obdormiam**!"[1]

---

[1] **obdormiam**: *(I) will go to sleep, fall asleep.*

Māter dēfessa est. Fīlius suus fābulās semper audīre vult. At māter, quamquam nōn vult, fīliō fābulam nārrāre coepit:

"Ōlim erat **piscātor**[2] quī in īnsulā parvā habitābat."

"Erat illa īnsula similis īnsulae nostrae?"

"Ita vērō, mī fīlī. Īnsula in quā piscātor habitābat erat parva similis īnsulae nostrae. Puer, audī mihi et **nōlī** quaestiōnēs semper **rogāre**!"[3] Puerō placuit multa semper rogāre.

Māter iterum fābulam nārrāvit:

"Quōdam diē piscātor **rēte**[4] in mare iēcit ad piscēs capiendōs. Ēheu! Cum ille rēte in nāvem traxit, piscēs in rētī nōn erant.

---

[2] **piscator:** *fisherman*
[3] **noli . . . rogare:** *don't . . . ask*
[4] **rete:** *net*

Puer: "Rēte eius erat **vacuum**?"[5]

"Vacuum," māter respondit. "Mare multōs piscēs tenēbat, sed rēte piscātōris semper erat vacuum. Trīstis, quia piscēs capere nōn potuit, piscātor domum īre coepit."

"Māter, estne haec fābula trīstis? Fābulae trīstēs mihi nōn placent."

"Dum ille vir domum ībat, subitō piscātor aliquid in marī vīdit!"

"Māter, quid vīdit piscātor in marī? Nāvis erat?"

"Piscātor putāvit rem esse nāvem. Ille vir rem adiit et vīdit rem nōn esse nāvem, sed arcam magnam. Mare arcam hūc illūc mōvit, sed arcam submergere nōn potuit. Piscātor arcam in nāvem celeriter trāxit, et eam aperuit."

---

[5] **vaccum**: *empty*

"Quid erat in arcā magnā? Pecūnia?"

"Minimē."

"Aureum?"

"Minimē."

"Gladius?"

"Minimē."

"Mōnstrum??" puer inquit. "Ego scīvī mōnstrum esse in fābulā! Fābulae dē mōnstrīs mihi maximē placent!"

"Neque pecūnia neque aureum neque gladius neque mōnstrum in arcā erat. Arcā apertā, piscātor fēminam invēnit."

"Fēmina? Ēheu! Eratne fēmina mortua?"

"Piscātor putāvit fēminam esse mortuam, sed mox illa sē movēre coepit. Fēmina nōn mortua erat, sed vīvēbat. Piscātor gaudēbat fēminam vīvere. Ecce, fēmina in arcā nōn sōla erat."

"**Quis alius**[6] erat in arcā?"

"Erat parvus īnfāns. Piscātor mātrem et fīlium īnfantem ad domum dūxit. Et in illā domō multōs annōs laetī habitābant. Nunc, tempus est dormīre, mī Persī."

Puer, quī Perseus vocātus est, mātrem nōn audīvit. **Iam obdormīverat.**[7]

---

[6] **quis alius:** *who else . . .*
[7] **iam obdormiverat:** *he had already fallen asleep*

CAPITULUM PRIMUM
Labyrinthus

"Ēheu! Dā mihi auxilium! Dā mihi auxilium!"

Vōx puellae per tōtum Labyrinthum iit. Vōce audītā, Thēseus ad vōcem cucurrit et gladium suum in manū tenēbat. Vir fortis per viās Labyrinthī cucurrit ad puellam inveniendam.

Ecce—Thēseus mōnstrum et puellam in viā vīdit. Mōnstrum erat magnum, et magna **cornua**[8] horribilia in capite habuit.

Mōnstrum erat Mīnōtaurus. Mīnōtaurus corpus hominis, sed caput taurī, habēbat. Mōnstrum īrātum puellam petēbat.

Forte[9] Mīnōtaurus Thēseum nōn vīdit. Thēseus adiit et, gladium tenēns, inquit:

"Mōnstrum! Nōlī puellam petere neque comedere! Ego sum Thēseus. Ego adīvī ad tē necandum! Nunc ego tē necābō!"

---

[8] **cornua:** *horns*
[9] **forte:** *by chance*

Celeriter Thēseus ad mōnstrum iit. Thēseō mōnstrum quaerente, gladius ē manū suā ad terram cecidit! Mōnstrum rīsit: "Hahahae!" Deinde Thēseus et Ariadne rīsērunt: "Hahahae!"

"Tū es **ineptus**,[10] Persī," Mīnōtaurus inquit, et cornua ē capite remōvit. Cornua erant falsa!

Gladius Thēseī quoque erat falsus. Erat **rāmus arboris**.[11]

Ecce, nōn erat mōnstrum, sed puer duodecim nātus erat. Puer vocātus est Xanthius. Puella erat Phaedra, soror Xanthī. Phaedra et Xanthius geminī erant. Vir fortis nōn erat Thēseus, sed puer Perseus. Perseus et amīcī cotīdiē in silvīs lūdēbant.

---

[10] **ineptus:** *foolish*
[11] **ramus arboris:** *a tree branch*

CAPITULUM SECUNDUM
Pisces

"Persī! Phaedra! Xanthī! Venīte hūc!"

Māter Perseī līberōs vocābat. Māter Perseī vocābātur Danaē.

Danaē: "Līberī, quid agitis in silvā hodiē? Cūr vōs **tantum sonum**[12] facitis?"

Perseus: "Māter, hodiē nōs 'Thēseum et Mīnōtaurum' lūdēbāmus."

Māter: "Persī, mox tū eris trēdecim annōs nātus! Mox tū nōn iam puer eris, sed vir. Virī in silvā lūdere nōn **dēbent**.[13] Virī **patrī**

---

[12] **tantum sonum**: *so much noise*
[13] **debent**: *ought (not) to, should (not)*

auxiliō esse[14] dēbent! Erāsne tū patrī auxiliō hodiē?"

Pater Perseī erat piscātor, vir bonus et fortis. Cotīdiē pater in mare labōrābat. **Aliquandō**[15] Perseus patrī auxiliō erat, et piscēs ē nāve tūlit. Piscēs Perseō nōn placuērunt.

"Certē, māter! Ego patrī meō auxiliō erō. Valēte Xanthī et Phaedra! Hodiē necesse est mihi patrī auxiliō esse."

"Valeās, Persī!" Geminī ūnā vōce inquiunt. Perseus et Danaē domum iērunt.

Dictys, pater Perseī, labōrābat, piscēs ē nāve ferēns. Piscibus sūmptīs, ille piscēs in plaustrum pōnēbat.

---

[14] **patri auxilio esse**: *to a help to (their) father; help (their) father.*
[15] **aliquando**: *sometimes*

Perseus auxilium patrī suō dedit. Pater et fīlius tūlērunt piscēs ē nāve ad **plaustrum**.[16] Dum piscēs ferēbant, Dictys et Perseus **dē multīs rēbus colloquēbantur**.[17]

"Pater," inquit Perseus magnum piscem sūmēns, "Quis est Ācrisius?"

"Ācrisius?" Pater piscem in plaustum dēposuit. "Ubi tū hoc nōmen audīvistī?"

"Trēs noctēs abhinc," puer inquit, "ego audīvī tē et mātrem colloquentēs. Vōs dē virō Ācrisiō colloquēbāminī. Quis est Ācrisius? Estne Ācrisius mōnstrum?"

Dictys: "Ācrisius erat vir malus. Rex est in Graeciā. Persī, extende manum."

---

[16] **plaustrum**: *wagon*
[17] **colloquebantur**: *to conversed about many things*

Perseus manum extendit, et Dictys **nummum**[18] parvum in manū extentā posuit. Perseus gaudēbat! Deinde pater plaustrum sūmpsit.

"Valē, Persī," pater inquit, plaustrum tenēns, "Ego nōn iam colloquī possum. Necesse est mihi omnēs piscēs **vēndere**[19] hodiē."

Pater abiit ad piscēs vendendōs, et iterum Perseus erat sōlus. Rē vērā Perseus nōn erat sōlus.

In silvā, duo oculī omnia spectābant.

---

[18] **nummum:** *coin*
[19] **vendere:** *to sell*

CAPITULUM TERTIUM
Fabula Medusae

Cum pater piscēs vēnderet, māter in domō labōrābat. Māter in **culīnā**[20] labōrābat, cibum faciēns. Cotīdiē, cibum faciēns, illa Perseō fābulās nārrāvit. Quamquam Perseus erat puer duodecim annōs nātus, fābulae mātris eī maximē placuērunt.

---

[20] **culina:** *kitchen*

"Persī," inquit māter, "Quālis fābula tibi placēbit hodiē?"

"Fābula dē mōnstrō mihi placēbit hodiē! Nārrā mihi fābulam dē mōnstrō!"

Māter respondit: "Ō puer, fābulae dē mōnstrīs semper tibi placent. Audīvistīne tū fābulam dē mōnstrō Medūsā?"

Perseus: "Minimē, māter. Nesciō **quis Medūsa sit**."[21]

"Ō puer, Medūsa est mōnstrum horribile quod in terrā **ignōtā**[22] habitābat. Ōlim illa erat puella pulchra, quae multōs amīcōs et amīcās habuit. Quōdam diē deus Neptūnus eam in templō vīdit. Deus statim amōre captus est! Deus—in **formā**[23] virī pulchrī transformātus—

---

[21] **quis Medusa sit:** *who Medusa is*
[22] **ignota:** *unknown, mysterious*
[23] **in forma:** *in the shape of...*

ad eam puellam in templō Minervae iit, et..."

Perseus: "Quid ēgit deus Neptūnus?"

Danaē: "Deus puellam cēpit. Puella ā deō capta est in templō Minervae! Puella clāmāre coepit et auxilium quaesīvit!"

Puer: "Ēheu! Quis puellae auxiliō erat?"

"Nēmō puellae auxiliō erat," Danaē respondit. "Dea Minerva omnia spectābat. Dea Minerva īrāta erat."

Perseus: "Eratne Dea Minerva īrāta quia puella ā Neptūnō capta est?"

Danaē: "Minimē! Dea Minerva erat īrāta quia templum suum erat sānctum. Dea Minerva Neptūnum pūnīre nōn potuit. Dea puellam miseram, quam deus amābat, pūnīvit!"

Perseus: "Quam horribile!"

Māter: "Puella misera ā deā trānsfōrmāta est. Ēheu! Ea trānsfōrmāta est in mōnstrum horribile. Illa misera nōn iam pulchra erat! Illa misera nēminī placēbat—neque deō neque hominī. Ea serpentēs horribilēs in capite suō habuit. Iam mōnstrum sōlum in templō semper habitat. Sī mōnstrum Medūsa tē vīderit, tū in lapidem trānsfōrmārēris."

CAPITULUM QUARTUM
Bubo

Fābula dē Medūsā Perseō maximē placēbat.

Perseus: "Quis illud mōnstrum necāre potest?"

Māter: "Multī virī fortēs Medūsam necāre cōnātī sunt. Virī illud mōnstrum necāre nōn poterant.

Omnēs virī in lapidem trānsfōrmātī sunt."

Māter iterum labōrābat, cibum faciens. Perseus nihil dicēbat, sed dē Medusā putābat. Perseus Medūsam necāre volēbat, sed timēbat! Perseus nōlēbat in lapidem transformārī.

Danaē: "Mī Persī, **quid malī?**"[24]

Perseus: "Māter, quis est Ācrisius?"

Danaē: "Ego nolō loquī dē Acrisiō. Illa fābula mihi nōn placet, mī fīlī. Ē domī **exiās**[25] et lūdās."

Perseus ē domō exiit.

Perseus **discum**[26] sūmpsit. Discus, quem Perseus sūmpsit, erat magnus et ex lapide factus est. Cotīdiē Perseus discum iaciēbat.

---

[24] **quid malī:** *what's wrong?*
[25] **exiās:** *go out*
[26] **discus:** *discus*

Perseus sēcum dīxit: *Cūr māter mea dē Ācrisiō loquī nōlēbat?* Perseus discum iēcit.

Deinde puer sonum audīvit.

"Huhuu!"

Perseus circumspēxit.   Nihil vīdit.

Māter eius semper dīcēbat discōs esse perīculōsōs. Sī discus hominem aut animal pulsāret, discus illum necāre posset! Perseus discum quaesīvit et pedēs numerāvit: "Ūnus, duo, trēs. . ."

"Huhuu!"

Iterum aliquid sonum fēcit. Perseus ad arborem vīdit. In rāmō arboris, **būbō**[27] Perseum spectābat.

"Huhuu!" būbō inquit.

Perseus būbōnem spectāvit et sēcum dīxit: *Cūr būbō mē spectat?*

---

[27] **bubo:** *owl*

Subitō Perseus vōcem audīvit: "Persī, cave!"

Puer putāvit: *possuntne būbōnēs loquī?* Deinde vōx iterum clāmāvit: "Persī! Persī! Cave! Cave!"

Vōx, quam Perseus audīvit, nōn erat būbōnis, sed vōx puellae. Rē vērā—erat vōx Phaedrae! Perseus sē versit et vīdit duōs virōs fortēs **adeuntēs**.[28] Mīlitēs sunt! Mīlitēs manūs suās ad Perseum extendērunt.

---

[28] **adeuntes:** *advancing, approaching*

CAPITULUM QUINTUM
Rex Polydectes

Mīlitēs Perseum cēpērunt et puerum tenuērunt. Ecce, vir quīdam ad Perseum adiit. Vir **corōnam**[29] in capite et multōs **ānulōs**[30] in digitīs habēbat. Vir quōque **subrīdēbat**.[31] Hic vir semper subrīdēbat, sed numquam gaudēbat. "Ubi est māter tua?"

---

[29] **coronam:** *a crown*
[30] **anulos:** *rings*
[31] **subridebat:** *was smiling*

"Persī, nihil dīc!" Phaedra inquit.

Vir puerum īnspēxit. "Persī? Estne nōmen tibi Perseus?"

Perseus nihil rēspondit.

Vir: "Scīsne quis ego sim?"

Iterum Perseus nihil dīcit.

Vir: "Ego sum Polydectēs, rēx hūius īnsulae. **Quicquid**[32] ego volō, ego capiō."

Subitō Danaē īrāta domum exiit.

Danaē: "Polydectēs, **mitte**[33] fīlium meum et abī!"

"Danaē," inquit rēx Polydectēs subrīdēns. "Rē vērā, tū es fēmina pulchra. Venī hūc; ego tē vidēre volō."

Danaē nihil rēspondit, neque vēnit. Rex Polydectēs fēminae nōn placuit.

---

[32] **quicquid**: *whatever*
[33] **mitte**: *release*

Polydectēs: "Ego tē amō, Danaē. Ego tē semper amābō! Venī mēcum. Ego sum vir **dīves et praeclārus**.[34] Quicquid tū volēs, tū habēbis."

Danaē: "Ego volō tē abīre." Fēmina nōn gaudēbat.

Polydectēs rīsit. "Ō Danae, tū es fēmina fortis! Ego fēminās fortēs amō!"

Perseus: "Ō rēx, tū mātrem meam habēre nōn potes! Dictys est pater meus!"

Polydectēs subrīdēns inquit: "Rē vērā, Dictys nōn est pater tuus."

Perseus: "Hahahae! Rem ridiculam! O māter, estne **vērum**?[35] Māter, respondē mihi, estne vērum?"

Māter nihil respondit.

---

[34] dives et praeclarus: *rich and famous*
[35] verum: *true*

Polydectēs inquit: "Quicquid volō, ego capiō. Sī māter tua nōn erit ūxor mea, ego tē et mātrem Ācrisiō dabit. Sī ego vōs Ācrisiō dabō, Ācrisius vōs necābit!"

Rēx Polydectēs **vultum**[36] fēminae manū tangēbat. "Crās ego tē quaeram. Crās tū mēcum veniēs." Rēx Polydectēs crūdēlis rīsit et cum mīlitibus abiit.

Perseus: "Māter, dīc mihi. Estne Dictys pater meus?"

Danaē trīstis lentē domum iit, "Hāc nocte," inquit, "**domum regressus**[37] Dictys omnia tibi nārrābit."

Hāc nocte, postquam Dictys domum regressus est, māter eī omnia nārrāvit.

---

[36] **vultum:** *face*
[37] **domum regressus:** *after he comes home*

Dictys trīstis erat: "Ō puer, venī mēcum."

Dictys et Perseus ē domō exiēunt. Illī per agrōs et silvāsībant. Perseus nescīvit ubi pater eum dūceret. Tandem pater et fīlius vēnērunt ad **lītus**[38] prope mare. In lītore erat arca antīqua et **sordida**.[39]

"Duodecim annōs abhinc ego tē et mātrem tuam in hāc arcā invēnī. Tū erās īnfāns parvus."

Subitō Perseus omnia scīvit.

Perseus: "Quis est Ācrisius?"

Dictys manū arcam tetigit: "Mī Persī, ego tibi tōtam fābulam nārrābō."

---

[38] **litus**: *shore*
[39] **sordida**: *dirty*

CAPITULUM SEXTUM
Conclāve

Dictys Perseō fābulam narrāvit:

"Ōlim, erat rēx Graecus, quī vocātus est Ācrisius. Ācrisius erat rex malus. Ille fīlium voluit, sed fīlium nōn habuit. Erat Ācrisiō ūna fīlia sōla, nōmine Danaē.

"Quōdam diē, quia Ācrisius fīlium volēbat, rēx malus ad ōrāculum iit.

"Arcrisius: 'Ōrāculum, fīlium volō. Quandō fīlius mihi nātus erit?'

"Ōrāculum respondit: 'Tū fīlium numquam habēbis. Mox, Danaē fīlium habēbit, et ille puer tē necābit.' Acrisius erat perterritus.

"Rēx **tam perterritus erat ut**[40] ille fīliam suam in conclāvī sub terrā pōsuerit. 'Tū in hōc conclāvī semper eris,' rēx inquit, 'Numquam eris uxor et numquam fīlium habēbis!'

In conclāvī, Danaē habitābat, et trīstis erat. Multōs annōs puella misera in conclāvī sub terrā habitābat. Cotīdiē puella misera deōs **ōrābat**[41] et auxilium quaerēbat.

Quōdam diē, Iuppiter puellam ōrantem audīvit, et auxilium eī dedit. Quādam nocte, cum illa dormīret,

---

[40] **tam periterritus erat ut:** *was so afraid that*
[41] **orabat:** *prayed to*

Danaē somnium habuit. In somniō, caelum apertum est, et **nummī aureī**[42] dē caelō in conclāve cecidērunt! Puella laeta unum nummum sūmpsit. Iuppiter erat in pictūrā in omnibus nummīs, quī dē caelō cecidērunt.

Mox, Danaē **gravāta est!**[43] Danaē scīvit fīlium ā deō datum esse. Novem **mēnsēs**[44] post, puer īnfāns nātus est! Rē vērā, īnfāns erat fīlius Iovis, nōn hominis!

Ācrisius nescīvit Danaēn habēre fīlium. Duōs annōs māter et fīlius clam in conclāvī sub terrā habitābant. Quōdam diē Ācrisius audīvit vōcem parvam in conclāvī. Acrisius ad conclāve celeriter iit sonum

---

[42] **nummi aurei:** *golden coins*
[43] **gravata est:** *was pregnant*
[44] **menses:** *months*

quaesitum.⁴⁵ Ecce, erat puer īnfāns duōs annōs nātus! Ācrisius tam īrātus erat ut mātrem et fīlium ēius in arcā posuerit, et arcam in mare iēcerit!"

"Quōdam diē, ego piscēs capiēbam. Ego arcam in mare vīdī et tē et mātrem in arcā invēnī. Nunc sum pater tuus, et ego tē semper amābō." Dictys Perseum **in amplexū tenuit**.⁴⁶

---

⁴⁵ **sonum quaesitum**: *to look for the sound, to investigate the sound*
⁴⁶ **in amplexu tenuit**: *held in an embrace, hugged*

CAPITULUM SEPTIMUM
Donum nuptiale

Postrīdiē[47] Polydectēs ad domum Perseī iit, et Danaēn cēpit. Perseus et Dictys trīstēs erant, sed Polydectēs subrīdēbat. "Ego sum rēx hūius īnsulae! Quicquid volō, ego capiō!"

Dictys: "Ō rēx male, nunc tū omnia habēs."

Polydectēs: "Minimē! Omnia nōn habeō! Ego volō **dōna nūptiālia!**[48] Dōna nūptiālia **vōbīs danda sunt!**[49] Ubi sunt dōna nūptiālia?"

---

[47] **postridie:** *the next day*
[48] **dona nuptialia:** *wedding gifts*
[49] **vobis danda sunt:** *"you must give"*

Perseus: "Dōna nūptiālia nōn habēmus!"

Polydectēs: "Sī tū mihi dōna nūptiālia nōn dabis, ego capiam domum tuum et agrum et nāvem patris et **omnia bona**.[50] Dōna nūptiālia volō!"

Perseus putāvit *Quomodo ego dona nūptiālia dare possum? Pecūniam nōn habeō!* Deinde Perseus fābulam mātris **meminit**.[51]

Perseus: "Ego tibi dōnum nūptiāle dabō! Minimē—tibi dōnum *optimum* dabō! Tibi dabō caput Medūsae!"

"Caput Medūsae?" Polydectēs obstipuit, "Rē vērā, hoc dōnum est optimum. Da mihi caput Medūsae! Trēs diēs habēs!"

---

[50] **omnia bona:** *all your goods, possessions*
[51] **meminit:** *remembered, recalled*

* * * * *

Mediā nocte Perseus ē domō effūgit. Dictys dormiēbat et nesciēbat Perseum ē domō effūgisse. Puer per silvās multās celeriter iit ad Medūsam quaerendam.

Dum effugiēbat, Perseus putābat: *Ubi Medūsa habitābat? In Graeciā? In Asiā? Quōmodo ego Medūsam invenīre possum, cum ego nesciam ubi Medūsa habitet?*

Mox ad mare adiit.

Perseus: *Necesse est mihi trāns mare iter facere. Ego nāvem nōn habeō et nāvem agere nōn possum.*

Perseus in terrā consēdit, mare spectāns.

Perseus: *Quōmodo Medūsam necāre possum? Gladium nōn habeō; rāmum* habeō. **Soleās**[52] **sordidās**[53] et antīquās habeō. Ego habeō **ūnum nummum**[54] sōlum.

---

[52] **soleas:** *sandals*
[53] **sordidas:** *dirty*
[54] **unum nummum:** *one coin*

CAPITULUM OCTAVUM:
Amici

Subitō puer sonum familiārem audīvit.

"Huhuu . . . huhuu."

Ecce – būbō aderat, in rāmō arboris sedēns. Būbōne vīsō, Perseus inquit:

"Ō būbō, quid ego agere dēbeō?"

Būbō rēspondit: "Ego auxilium tibi dabō."

Perseus obstipuit. Ecce—hic būbō dīcere poterat!

Deinde, Perseus vīdit duās hominēs familiārēs ad eum adeuntēs. Iterum Perseus obstipuit. Ecce, hominēs quī adībant erant Xanthius et Phaedra!

"Salvēte amīcī!" Perseus laetus inquit. "Quōmodo vōs mē invenīre potestis?"

Xanthius et Phaedra laetī rēspondērunt: "tū nōbīs **numquam crēderēs**![55] Bubō nōbīs narrāvit ubi nōs tē invenīre possēmus."

Perseus subrīsit: "Rē vērā Būbō ille est **mīrābilis**!"[56]

"Fortasse nōn est bubō." Phaedra inquit. (Phaedra erat puella sapiēns.) "Fortasse būbō est dea Minerva! Būbōnēs Minervae maximē placent."

---

[55] **crederes:** *(you) would never believe*
[56] **mirabilis:** *amazing, miraculous*

Subito bubō inquit:

"**Serpentēs**[57] Minervae quōque placent!"

Xanthius: "Ecce, Persī! Serpentēs!"

Perseus rāmum in manū tenēbat. Ecce—nunc in rāmō duo serpentēs sē movērunt. Serpentēs Perseō nōn placuērunt. Perterritus puer rāmum in terram iēcit.

Būbō omnia spectāns inquit: "Nōlīte timēre! Serpentēs auxiliō vōbīs erunt!"

Phaedra rāmum īnspēxit, et inquit: "Hic est nōn est rāmus! Cādūceus est! Cādūceus est **baculum**[58] Mercuriī et magicam habet!"

Cādūceus **lūcēre coepit**[59].

---

[57] **serpentes**: *snakes*
[58] **baculum**: *stick, wand*
[59] **lucere coepit**: *began to glow*

CAPITULUM NONUM
Spelunca

Nunc, cādūceō lūcente, līberī in locō obscūrō vidēre poterant. Statim illī aliquid in locō obscūrō prope mare vīdērunt.

Xanthius: "Quid est?"

Perseus cādūceum sūmēns respondit. "**Spēlunca obscūra**[60] est! Adeāmus ad spēluncam īnspiciendam."

"Minimē!" inquit Xanthius perterritus. "Perīculōsum est

---

[60] **spelunca obscura**: *dark cave*

spēluncam īnspicere! Fortasse mōnstrum horribile aut animal magnum in spēluncā habitat."

Phaedra: "Ō bubō, quid nōs agere dēbēmus?"

Rāmus erat vacuus. Būbō nōn iam aderat.

Lentē līberī per obscūram spēluncam ībant. Perseus cādūceum lūcentem in manū tenuit. In mūrīs spēluncae sunt multae pictūrae **arcānae**.[61]

Xanthius: "Ubi sumus? Haec spelūnca obscūra mihi nōn placet!"

Perseus mūrōs īnspiciēns inquit: "Cūr sunt pictūrae arcanae in mūrīs? Quis eās fēcit?"

Puella sapiēns mūrum tangēbat et pictūrās īnspiciēbat. "Ecce," inquit, "hae nōn sunt pictūrae! Hae sunt

---

[61] **arcanae**: *mysterious, strange, arcane*

litterae[62] Aegyptiae. In Aegytpō, hominēs cum pictūrīs, nōn litterīs, scrībunt. Cūr in īnsulā Graeciā est spēlunca cum litterīs Aegyptīs in mūrīs scrīptīs?"

Subitō vōx ex obscūrā spēluncā ab omnibus audīta est: "Vōs in Graeciā nōn iam estis. Nunc in Aegyptō estis."

---

[62] **litterae**: *letters*

Capitulum Decimum
Templum Aegyptum

Omnēs obstipuērunt. Fēmina pulchra, quae in obscūrō locō stābat, līberōs adiit. Fēmina vestīmenta **sacerdōtis**[63] gerēbat. Illa nōn erat

---

[63] **sacerdos**: *priestess*

sacerdōs Graeca, sed sacerdōs Aegyptia.

"Ego sum Iō," sacerdōs inquit, "In hōc templō nōs Mercurium **colimus**."[64]

Litterae in mūrō scrīptae lūcēre coepērunt et sē movēbant. Ecce— litterae fābulam nārrāvērunt

Fabula: Io et Argus

"Ōlim erat puella pulchra nōmine Iō in Graeciā habitāns. Puella multīs hominibus maximē placuit—et multīs deīs. Iō deō Iovī maximē placuit. Iuppiter puellam dē monte Olympō spectābat, et ille amōre captus est. Ille deus puellam volēbat, sed Iūnōnem timēbat (Iūnō erat uxor Iovis et rēgīna deōrum). Iuppiter ad

---

[64] **coliums**: *we worship*

puellam clam iit. Iūnō nescīvit quid Iuppiter ageret.

Quōdam diē, Iuppiter erat in locō sēcrētō cum puellā, et Iūnō subitō adiit! Iuppiter nescīvit **quid agendum esset.**[65] Perterritus puellam in pulchram **bovem**[66] trānsfōrmāvit. Iuppiter uxōrem suam timēbat, et ille nōluit uxōrem suam invenīre puellam!

"Sed Iūnō omnia scīvit.

"Iuno inquit: 'Ō mī vir, dā mihi bovem pulchram. Bōs mihi maximē placet!' Iuppiter nōlēbat, sed tandem deus uxōrī bovem dedit. Iūnō bovem ad arborem **ligāvit,**[67] et illa mōnstrum prope arborem pōsuit. Mōnstrum 'Argus' vocātum est, quod **centum**[68]

---

[65] *what should be done, what he should do*
[66] **bos, bovem**: *cow*
[67] **ligavit**: *tied*
[68] **centum**: *one hundred*

oculōs habuit. Tōtum diem bōs pulchra ab Argō custōdīta est, et Argus numquam dormīvit.

"Iuppiter Mercurium **mīsit**[69] ut mōnstrum necāret et puellam **mitteret**.[70] Iuppiter nesciēbat quōmodo Mercurius mōnstrum cum centum oculīs necāre posset. Sed Mercurius erat deus sapiēns et mox cōnsilium cēpit. Mercurius fābulam mōnstrō nārrāvit. Fābula erat longa. Multōs diēs deus fābulam longam nārrābat. Prīmum mōnstrum ūnum oculum clausit, deinde secundum, deinde tertium. Tandem, omnēs oculī Argī clausī sunt! Mōnstrum nōn dormiēbat—rē vērā, mortuus est!

"Iūnō trīstis erat quia mōnstrum Argus eī maximē placuit! Dea trīstis

---
[69] **misit**: *sent*
[70] **mitteret**: *release*

oculōs Argī sūmpsit. Oculīs sūmptis, illa dea eōs **in pennīs pāvōnis**[71] posuit."

---

[71] **in pennis pavonis:** *on the feathers of the peacock.*

CAPITULUM undecimum
Somnium

Xanthius: "Haec fābula mihi placet!"

Phaedra: "Rē vērā fābula est bona, sed cūr nōs in Aegyptō sumus?"

Perseus: "Iō, tū es sacerdōs sapiēns. Quid ego agere dēbeō?"

Iō respondit: "Pōne soleās tuās in terrā, et dormī. dormiēns tū somnium habēbis. Deus Mercurius in somniō tuō veniet. Ille tibi omnia dīcet."

Perseus soleās suās in terrā dēposuit. Soleīs dēpositīs, ille dormīre cōnātus est.

Hāc nocte, Perseus dormiēns somnium habuit. In somniō, deus Mercurius de caelō adiit, et inquit: "Tria loca **tibi vīsitanda sunt**![72] In prīmō locō, tū senem antīquum inveniēs. In secondō locō, tū trēs fēminās malās inveniēs. In tertiō locō, tū īnsulam inveniēs. Tū et amīcī per tōtum mundum iter faciētis!"

"Ō Mercurī! Quōmodo ego et amīcī meī per tōtum mundum iter faciāmus? Nōs pecūniam nōn habēmus! Tribus diēbus nōbīs iter faciendum est!"

"Deī tibi auxilium semper dabunt. Nunc, surge!"

Quō dictō, deus in caelum abiit.

---

[72] **tibi visitandi sunt:** *you must visit . . .*

CAPITULUM duodecimum
Talaria

"Persī!"

Perseus oculōs aperuit. Nōn erat vōx Mercuriī, sed Phaedrae.

Phaedra: "Persī! Tempus est īre!"

Deus nōn aderat. Perseus et Xanthius et Phaedra nōn erant in spēluncā in Aegyptō. Ēheu! Erant iterum in īnsulā Serīphō. Perseus cādūceum in manū tenēbat. Cādūceus lūcēbat.

"Persī!" Phaedra clāmāvit. "Spectā soleās tuās!" Perseus soleās suās spectāvit et obstipuit. Soleae suae nōn iam erant antīquae et sordidae, sed novae et praeclārae. Etiam—**mīrābile dictū!**[73] —ālae[74] in soleīs erant!

Perseus soleās novās in pedibus posuit. Ecce—soleīs in pedibus positīs, puer nōn iam in terrā stābat. Puer gaudēbat, quia ille in caelum volābat!

"Ecce" Phaedra quōque gaudēbat, "Hae soleae sunt 'tālāria,' soleae magicae Mercuriī! Ille, quī tālāria in pedēs suōs pōnat, similis Mercuriō erit. Ille, quī tālāria in pedibus habeat, volāre potest."

---

[73] **mirabile dictu**: *wondrous to say!*
[74] **alae**: *wings*

Xanthius timēbat. "Persī!" inquit, "Vēnī hūc! Puer es! Puerī in terrā stāre dēbent! Būbō nōn es! Tū volāre nōn dēbes!"

Būbō, omnia spectāns in arbore, inquit: "Deī tibi auxilium dabunt!"

Perseus: "Xanthī! Phaedra! Capite manūs meās!"

Xanthius et Phaedra manūs Perseī cēpērunt, et omnēs volāre in caelō coepērunt.

"Omnēs!" inquit būbō, "**Sequēminī**[75] mē!" Būbō quōque per caelum volāre coepit.

"**Eāmus!**"[76] Perseus clāmāvit. Omnēs in caelum nocturnum volavērunt.

FINIS PARTIS PRIMAE

---

[75] **sequemini:** *follow!*
[76] **eamus:** *let's go*

GLOSSARY

A
ā, ab: *from, by*
abeuntem: *going away*
abhinc: *ago*
abit: *goes away, leaves*
Acrisius: *Acrisius, an evil king*
acus: *a needle*
ad: *to, towards*
adest: *is here, is present*
adit: *goes toward, approaches*
Aegyptia: *Egypt*
Aegyptus, Aegypta: *Egyptian*
āera: *the air*
Āfrica: *Africa*
ager, agrum: *field*
agit: *does*
ālās: *wings*
aliquandō: *sometimes*
aliquis: *someone*
alius: *other, another*
alta, altus: *high, tall*
amat: *loves*
amicus, amica: *friend*
amor: *love*
amōre captus est: *was seized by love, fell in love*
an: *or*
animal: *animal*
annos natus: *years old*
annōs: *years*
antīqua, antīquus: *old, ancien*

ānulōs: *rings*
anxius: *anxious, worried*
aperit: *opens*
arbor: *tree*
arca: *box*
arcanae: *strange, mysterious, arcane*
Argus: *Argus*
Ariadne: *Ariadne*
arma: *weapons*
ascendit: *climbs up, climbs in*
Asiā: *Asia Minor*
āthlēta: *athlete*
Atlās: *Atlas*
audit: *hears, listens*
aureua, aureus: *golden*
aut: *either, or*
auxilium: *help*
avē: *hail*
avidē: *greedily*
avis: *bird*

B
baculum: *stick*
bene: *well*
bonus, bona: *good*
bos: *cow*
bracchium: *arm*
bubo: *owl*

C
cadit: *falls*
caduceus: *caduceus, Mercury's wand*

caecae: *blind*
caelum: *sky*
capit: *seizes, grabs, captures*
caput: *head*
casa: *small house, cottage*
casū: *by chance, by accident*
cave: *beware*
cecidit: *fell*
celeriter: *quickly*
centum: *one hundred*
cēpit: *seized, grabbed, captured*
certē: *certainly, yes*
Charōn: *Charon*
cibus: *food*
circum: *around*
circumspectat: *looks around*
clam: *secretly, in secret*
clamat: *shouts*
claudit: *closes*
coepit: *begins, began*
colloquitur: *converses, talks (with)*
comedit: *eats*
commemorat: *remembers*
conatur: *tries*
conclave: *room*
cōnsilium: *plan, idea*
convivium: *party*
convīvus: *guest, reveler*
coquit: *cooks*
cornu: *horn*
corona: *crown*
corpus: *body*

cotīdiē: *everyday*
crās: *tomorrow*
cucurrit: *ran*
culīnā: *kitchen*
cum: *with; when, since, after*
cūr: *why*
cura: *care*
currit: *runs*

D
Danaē: *Danae*
dat: *gives*
de: *de*
dea, deus: *goddess, god*
dea: *goddess*
dēbet: *ought to, must, should*
dedit: *he/she gave*
dēfessa, dēfessus: *tired*
deinde: *then, next*
Deino: *Deino, one of the Graiae*
dēposuit: *put down*
dexter, dextra: *right*
dicit: *says, tells*
Dictys: *Dictys*
dies: *day*
difficile: *difficult*
digitāle: *a thimble*
discus: *a discus*
diū: *for a while*
dives: *rich*
dixit: *said, told*
dōnum: *house, home*

dormit: *sleeps*
ducit: *leads*
dum: *while*
duo: *two*
duodecim: *twelve*

E
ē, ex: *from, out of*
eam: *her*
eās: *them*
ebore: *from, out of ivory*
ecce: *behold, look*
effugit: *runs away, escapes*
egit: *(he) did, (she) did*
ego: *I*
eheu: *Oh no! Alas!*
ēius: *his, her*
Enyō: *Enyo, one of the Graiae*
eōs: *them*
Erebus: *Erebus, the land of the dead*
est: *is*
et: *and*
eum: *him*
exit: *goes out, exits*
extendit: *extends, holds out*

F
fābula: *story*
facit: *makes*
falsa, falsus: *false, not true*
familiāris: *familiar*
fēcit: *made*

fēmina: *woman*
fert: *carries, bears*
fīlius: *son*
flos, florem: *flower*
flūmen: *river*
Fōrma: *form, shape*
fortasse: *maybe, perhaps*
fortis: *strong, brave*
fractum: *broken*
frangit: *breaks*
frater: *brother*

G
galea: *helmet*
gaudet: *to be happy, rejoice*
geminī: *twins*
gerit: *wears*
gladius: *sword*
Graeae: *the Graiae*
Graeciā: *Greece*
Graecus: *Greek*
grātiās: *thanks*
gravāta est: *was pregnant*

H
habet: *has, possesses*
habitat: *lives*
hic, haec, hoc: *this, these* (plural)
hodiē: *today*
hominēs: *men*
hōrae: *hours*
horribilis: *horrible, terrible*

hūc: *here, to here*
Hypnos: *Hypnos*

I

iacit: *throws*
iam: *now*
ianua: *door*
iēcit: *threw*
ignis, ignem: *fire*
ignōta: *unknown*
ille, illa: **that, those** (plural)
illud: *that*
in: *in, into*
ineptus: *foolish*
īnfāns: *baby, infant*
inferōs: *the Underworld*
inquit: *says, said*
īnspicit: *to inspect, to examine*
insula: *an island*
inter: *among, between*
invenit: *finds*
invisus: *invisible*
invitus: *unwilling*
Io: *Io*
ipse: *himself, herself*
irata, īrātus: *angry*
iter facit: *make a trip, travel*
iter: *a trip, a journey*
iterum: *again*
iūdex: *judge*
Iūnō: *Juno*
Iuppiter: *Jupiter*

L
laborat: *works*
laeta, laetus: *happy*
lapis, lapidem: *rock, stone*
lectus: *bed*
lentē: *slowly*
libērī: *children*
ligat: *ties, binds*
lignum: *wood*
litterae: *letters*
lītus: *beach, shore*
locus: *a place*
longus, longa: *long*
Lōtus: *the Lotus flower*
lucet: *shines*
ludit: *plays*
ludus: *game*

M
maga: *witch*
magica: *magic*
magna cum cura: *carefully, with great care*
magna magnus: *large, big*
mala, malus: *bad, wicked*
manus: *hand*
mare: *sea*
mater: *mother*
matrimōnium: *marriage*
mē: *me*
mea, meus: *my*

mecum: *with me*
medius, media: *the middle*
Medusa: *Medusa*
mensa: *table*
mēnsēs: *months*
Mercurius: *Mercury*
mīlitēs: *soldiers*
Minerva: *Minerva*
minimē: *no! not in the least!*
Minotaurus: *Minotaur*
mīrābilis: *miraculous, wondrous*
mīrābilis: *wonderful, miraculous*
miser, misera: *poor, wretched*
misit: *sent*
mittit: *sends*
modo: *only*
mons, montem: *mountain*
monstrum: *monster*
moritur: *dies*
mortuus, mortua: *dead*
movet: *moves*
mox: *soon*
multās gratiās agō: *I thank (you) very much, I give (you) many thanks*
multī, multae: *many*
mundus: *world*
murus: *wall*
mūsica: *music*

N
narrat: *tells, narrates*
natu: *by birth*

nātus: *born*
navis: *ship, boat*
necat: *kills*
necesse est: *it is necessary*
necesse: *necessary*
nēmō, neminem: *no one, nobody*
Neptūnus: *Neptune*
neque: *and . . . not, nor*
nescit: *doesn't know*
nihil: *nothing*
nōlēbat: *did not want*
nolo: *I do not want*
nōmen: *name*
non iam: *no longer*
non: *not*
nōs: *we*
noster, nostra: *our*
nova, novus: *new*
novem: *nine*
nox, noctem: *night*
numerat: *counts*
nummus: *coin*
numquam: *never*
nunc: *now*
nūptialia: *wedding*
nymphae: *nymphs*

O
Ō: *O!*
obdormit: *falls asleep*
oblīviscitur: *forgets*
obolus: *an obol, a penny*

obscūra, obscūrus: *dark*
obstipuit: *was astonished, amazed*
oculus: *eye*
olim: *once*
ōlla: *cauldron, large pot*
Olympus: *Olympus*
omnēs, omnia: *everyone, everything*
optima, optimus: *the best, the greatest*
ōrāculum: *an oracle*
orat: *prays*
orbiculus: *button*
ostendit: *shows, displays*

P
parāta: *prepared*
parva, parvus: *small*
pater: *father*
pāvō, pavonem: *peacock*
pecūnia: *money*
Pemphredo: *Pemphredo, one of the Graiae*
penna: *feathers*
per: *through*
perīculōsa, periculosus: *dangerous*
Perseus: *Perseus*
perterritus: *frightened, scared*
pes, pedem: *foot*
Phaedra: *Phraedra*
pictūra: *picture*
piscātor: *fisherman*
placet: *pleases*
plaustrum: *wagon*
Polydectēs: *Polydectes*

ponit, posuit: *place, put*
post: *after*
postquam: after
postrīdiē: *the day after, the next day*
potest: *is able*
praeclārus: *famous*
prima, prīmus: *first*
procul: *far, far way*
prope: *near, next to*
proxima, proximus: *close by, near*
puella: *girl*
puer: *boy*
pugnat: *fights*
pulchra, pulcher: *beautiful*
pulsat: *hits*
punit: *punishes*
putat: *thinks*

Q
quaerit: *seeks, asks*
quaestiōnēs: *questions*
quālis:
quam
quamquam: *although*
quandō: *when*
quī, quae: *who*
quia: *because*
quicquid: *whatever*
quid: *what*
quidam, quaedam: *a certain*
quōmodo: *how*
quoque: *also*

R

rādīcēs: *roots*
ramus: *a branch*
rē vērā: *really, truly*
rēgīna: *queen*
regressus est: *returned*
respondit: *answers, responds*
rēte: *a net*
rex: *king*
rogat: *asks*

S

sacculus: *a bag, sack*
sacerdōs: *priestess*
sanctum: *holy, sacred*
sanguinis: *blood*
sapiens: *wise*
scit: *knows*
scrībit: *writes*
scripsit: *wrote*
scuta: *shield*
sē: *himself, herself*
secundus: *second*
sed: *but*
sedet: *sits*
semper: *always*
senex: *old man*
septem: *seven*
sequitur: *follows*
Seriphus: *the island of Seriphus*
serpents: *snakes*

servat: *saves, rescues*
si: *if*
silva: *woods, forest*
similis: *like, similar (to)*
sine: *without*
sinistra: *left*
sōl: *sun*
sōla: *alone*
somnium: *dream*
sonus: *sound*
sordida, sordidus: *dirty*
soror: *sister*
spectat: *watches, observes*
spectator: *spectator*
speculum: *mirror*
spēlunca: *cave*
stat: *stands*
statim: *immediately*
Styx, Stygem: *the river Styx*
super: *over, above*
surgit: *rises, gets up*
suus, sua: *his own, her own*

T
tālāria: *winged shoes, the talaria*
tam: *so*
tandem: *at last, finally*
tangit: *touches*
tantum: *so much*
taurus: *bull*
templum: *temple*
tempus: *time*

tenet: *holds*
terra: *land, ground, earth*
tertia: *third*
Theseus: *Theseus*
tibi: *to you, for you*
timet: *fears, is afraid*
timidus: *scared, frightened*
Tītānus: *Titan*
totus: *whole, entire*
trahit: *drags, draws*
trans: *across*
trānsfōrmat: *transforms, changes*
tredecim: *thirteen*
tremit: *shakes*
trēs: *three*
tristis: *sad*
tū, te: *you*
turba: *crowd*
tuus: *your*

U
ubi: *where*
ubique: *everywhere*
ultima: *last, final*
umbra: *shade, shadow, ghost*
ūnus: *one*
ursa: *bear*
ut: *so that, in order to*
ūxor: *wife*

V
vacuua, vacuus: *empty*

valdē: *very*
vale, valeās: *goodbye*
vendit: *sells*
venit: *comes*
vertit: *turns*
vestīmenta: *clothes*
via: *road*
vīdet: *sees*
vīgintī: *twenty*
vir: *man*
vīs: *you want*
vīsitat: *visits*
vīvit: *lives*
vīvus: *alive, living*
vocat: *calls, summons*
volat: *flies*
vōs: *you*
vulnerāta: *wounded*
vulnerate: *wounds*
vult: *wants*
vultus: *face*

About the author

Andrew Olimpi teaches Latin at Hebron Christian Academy in Dacula, Georgia. He holds a master's degree in Latin from the University of Georgia, and currently is working towards a PhD in Latin and Roman Studies at the University of Florida. He also co-directs the school's Theater Arts progam with his beautiful and talented wife Rebekah, an artist and English teacher. They live in Dacula with a plethora of pets, including an assortment of reptiles, a neurotic cat, and an aged and lazy dog.

COMPREHENSIBLE CLASSICS
LEVEL A NOVELLAS

EGO, POLYPHEMUS
Level: Beginner

Polyphemus the Cyclops' life is pretty simple: he looks after his sheep, hangs out in his cave, writes (horrible) poetry, eats his cheese . . . until one day a ship arrives on his peaceful island, bringing with it invaders and turning his peaceful world upside down.

Based on the works of the Vergil and Ovid, this novella is suitable for all beginning readers of Latin.

LARS ROMAM ODIT

Lars is the king of Clusium, a city in ancient Italy, and it is good to be the king. He has fame, wealth, and power—everything he could ever want. He even has a best friend, Titus, the royal scribe.

But all good things must come to an end.

One day a king named Tarquinius arrives Clusium, asking Lars for help. Rome, a town close to Clusium, has kicked out Tarquinius and set up its own government. Lars vows to help his friend regain the throne, confident in **the strength of his army and the loyalty of his people. But, as it turns out, capturing Rome may be more difficult than Lars ever imagined.**

MERCURIUS INFANS HORRIBILIS

Baby Mercury is not like an ordinary human baby; he can speak, he is incredibly strong, and he can even fly!

However, things aren't always easy for the divine infant. Whenever he tries to help someone, things tend to go terribly wrong! And one day when little Mercury steals some cattle, the god Apollo is forced to track down the thief and try to set right all the chaos the mischievous infant has caused!

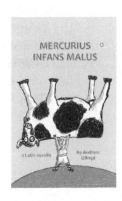

COMPREHENSIBLE CLASSICS
LEVEL B NOVELLAS

FAMILIA MALA TRILOGY:

VOL. 1: SATURNUS ET IUPPITER
VOL. 2: DUO FRATRES
VOL. 3: PANDORA

They're the original dysfunctional family! Rivalry! Jealousy! Poison! Betrayal! Gods! Titans! Cyclopes! Monsters! Magical Goats!

Read all about the trials and tribulations of Greek mythology's original royal family! Suitable for all novice Latin readers.

LABYRINTHUS

Princess Ariadna's family is . . . well . . . complicated. Her father Minos, king of Crete, ignores her. Her mother is insane. Her half-brother is a literal monster—the Minotaur who lives deep within the twisting paths of the Labyrinth. When a handsome stranger arrives on the island, Ariadna is faced with the ultimate choice: should she stay on the island of Crete, or should she abandon her family and her old life for a chance at escape . . . and love?

COMPREHENSIBLE CLASSICS
LEVEL C NOVELLAS

IO PUELLA FORTIS

VOL. 1: IO ET TABELLAE MAGICAE
VOL. 2: IO ET MONSTRUM HORRIFICUM

Io is tired of her life in a small town in ancient Greece. She is growing up fast but is frustrated that her mother still treats her like a child.

One day, Io finds a wax tablet and stylus in a mysterious clearing in woods. Io is surprised to discover that one the tablet is written a single sentence: "Hello, Io."

Who left the message? How do they know Io's name? Io immediately decides to solve this mystery, a decision that entangles her, her sister Eugenia, and her friend Chloe in a thrilling and dangerous adventure.

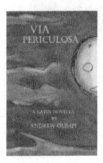

VIA PERICULOSA
Level: Beginner/Intermediate

Niceros is a Greek slave on the run in ancient Italy, avoiding capture and seeking his one true love, Melissa. However, a chance encounter at an inn sets in motion a harrowing chain of events that lead to murder, mayhem, mystery, and a bit of magic. *Via Periculosa* is loosely adapted from the Roman author Petronius.

IDUS MARTIAE

"Beware the Ides of March!"

It's 44 BC, and strange things are happening in Rome. A sacrificed bull is found to have no heart. Senators are meeting in houses secretly, speaking in whispers and hiding in the shadows. A soothsayer is warning people in the streets to "beware the Ides of March." Mysterious boxes are beginning to turn up... containing daggers. Pompeia, her brother Cornelius, and her friend Roscus set out to investigate these strange happenings and soon find themselves entangled in a web of intrigue, deception... and murder!

COMPREHENSIBLE CLASSICS
LEVEL D NOVELLAS

PUER EX SERIPHO

VOL. 1. PERSEUS ET REX MALUS
VOL 2: PERSEUS ET MEDUSA

On the island of Seriphos lives Perseus a twelve-year-old boy, whose world is about to be turned upside down. When the cruel king of the island, Polydectes, seeks a new bride, he casts his eye upon Perseus' mother, Danaë. The woman bravely refuses, setting in motion a chain of events that includes a mysterious box, a cave whose walls are covered with strange writing, and a dark family secret.

Puer Ex Seripho is a gripping two-part adventure based on the Greek myth of Perseus.

VOX IN TENEBRIS
Lucanus, a Roman citizen travelling through Greece, has a big problem: he is far from home, broke, and desperate to make some quick money. A job opportunity soon comes his way, with a big reward: one hundred gold coins! The catch? Lucanus has to stay up all night with the dead body of a prominent citizen. Luccanus takes the job, even though he has heard the stories that citizens of the town whisper: tales of witches, ruthless and bloodthirsty, who wander the streets after the sun the sun goes down.

FILIA REGIS ET MONSTRUM HORRIBILE
Level: Beginner/Intermediate

Originally told by the Roman author Apuleius, this adaptation of the myth of Psyche is an exciting fantasy adventure, full of twists, secrets, and magic. The reader will also find many surprising connections to popular modern fairy tales, such as "Cinderella," "Snow White," and "Beauty and the Beast"

Made in the USA
Las Vegas, NV
21 August 2024